公開霊言

橋本左内、平成日本を啓発す

稚心を去れ！

大川隆法
RYUHO OKAWA

まえがき

若くしての天才、英才というべき人もいるのだろう。十五歳で『啓発録《けいはつろく》』を著《あら》わし、「稚心《ちしん》を去る」ことを標榜《ひょうぼう》し、二十代で藩政《はんせい》を動かし、二十六歳で、「安政《あんせい》の大獄《たいごく》」で没《ぼっ》す。この若き才能惜しむべし。

本人の霊言によれば、自分のような人材が百人出て、三人名前が遺《のこ》ればよいほうだ、とのことなので、明治維新では、数多くの天才、英才が、名をもとめず、凶刃《きょうじん》に倒れていったのだろう。

今、新しく政治を目指す人たちに、これだけの識見《しっけん》と胆力《たんりょく》が果たしてあるか。

浮《うわ》ついた空気ばかり読む人が多い昨今、政治家を志す人たちに、「稚心《ちしん》」を去ることを強く求めたい。

二〇一二年　九月四日

幸福《こうふく》の科学《かがく》グループ創始者兼総裁《そうししゃけんそうさい》　大川隆法《おおかわりゅうほう》

橋本左内、平成日本を啓発す　目次

橋本左内《はしもとさない》、平成日本を啓発《けいはつ》す

——稚心《ちしん》を去れ！——

二〇一二年八月二十八日　橋本左内の霊示《れいじ》
東京都・幸福の科学総合本部にて

「霊言現象《れいげん》」とは、あの世の霊存在の言葉を語り下ろす現象のことをいう。これは高度な悟《さと》りを開いた者に特有のものであり、「霊媒現象《れいばい》」（トランス状態になって意識を失い、霊が一方的にしゃべる現象）とは異なる。

なお、「霊言」は、あくまでも霊人の意見であり、幸福の科学グループとしての見解と矛盾《むじゅん》する内容を含《ふく》む場合がある点、付記しておきたい。

橋《はし》本《もと》左《さ》内《ない》、平成日本を啓《けい》発《はつ》す

――稚《ち》心《しん》を去れ！――

二〇一二年八月二十八日　橋本左内の霊示《れいじ》
東京都・幸福の科学総合本部にて

橋本左内《はしもとさない》（一八三四～一八五九）

幕末の志士。福井藩士《ふくいはんし》。十五歳《さい》で『啓発録《けいはつろく》』を記《しる》す。大阪《おおさか》の適塾《てきじゅく》で緒方洪庵《おがたこうあん》に蘭方《らんぽう》医学を学んだのち、江戸《えど》に遊学して洋学を修め、藤田東湖《ふじたとうこ》、西郷隆盛《さいごうたかもり》などと親交を結ぶ。やがて福井藩主・松平春嶽《まつだいらしゅんがく》の側近となり、将軍継嗣《けいし》問題では一橋慶喜《ひとつばしよしのぶ》の擁立《ようりつ》運動を展開、幕政改革や開国を唱えた。井伊直弼《いいなおすけ》による「安政の大獄《あんせいのたいごく》」の際、将軍継嗣問題への介入《かいにゅう》を罪に問われ、斬首《ざんしゅ》された。

質問者　※質問順

里村英一《さとむらえいいち》（幸福の科学専務理事・広報局担当）

釈量子《しゃくりょうこ》（幸福実現党青年局長兼女性局長）

山田茂《やまだしげる》（幸福の科学理事 兼 宗教教育企画局長）

［役職は収録時点のもの］

1　二十六歳《さい》で名を遺《のこ》した天才

十五歳《さい》で本を書き、「稚心《ちしん》を去れ」と言った橋本左内

大川隆法　現在、政局では、〝明治維新《いしん》モード〟が、けっこう流行《はや》っているので、当時の人物のうち、まだ霊的《れいてき》に調べていない方を調べてみようと思っています。そこで、今日は橋本左内の霊言《れいげん》を収録したいと考えています。

この方は、越前《えちぜん》の福井藩《ふくいはん》、今の福井県の方です。以前、「サクセスNo.1《ナンバーワン》」（小中高生を対象とした仏法真理塾《ぶっぽうしんりじゅく》）での説法《せっぽう》で言及《げんきゅう》したことがありますが、十五歳《さい》ぐらいで『啓発録《けいはつろく》』という本を書き、「稚心《ちしん》を去れ」と言った方です。

そして、数え年の二十六歳で、「安政《あんせい》の大獄《たいごく》」に引っ掛《か》かり、亡《な》くなっていま
す。

生前、大阪《おおさか》の緒方洪庵《おがたこうあん》の適塾《てきじゅく》で蘭学《らんがく》や医学を習得し、そのあと、江戸《えど》への留
学を命《めい》ぜられて洋学も修め、藤田東湖《ふじたとうこ》、西郷隆盛《さいごうたかもり》などと親交を結びました。
その後《ご》、福井藩主に認められて藩政の中枢《ちゅうすう》を担《にな》うようになり、横井小楠《よこいしょうなん》を政
治顧問《こもん》に招いて、開国貿易、殖産興業《しょくさんこうぎょう》、軍備強化などを目指して藩政改革を行
いました。これが二十代でのことですから、すごいものです。

ただ、吉田松陰《よしだしょういん》と同じころだと思いますが、井伊直弼《いいなおすけ》の「安政の大獄」によ
って命を失っています。江戸の伝馬町《でんまちょう》で斬首《ざんしゅ》されたとのことです。

この方は、ある種の天才か英才であることは間違《まちが》いないと思います。「十五
歳で本を書き、それが、今、文庫本で出ている」というのは珍《めずら》しいことです。

また、「二十六歳で死して名を遺《のこ》す」というのも、なかなか難しいことで、今でも、それほど簡単なことではありません。

「あのころは、惜《お》しい人材が、光が当たって認められもし、また、失われもした時代なのかな」という気がします。橋本左内は、そのまま長生きをしたら、どのようなことを言い、どのような仕事をしたのでしょうか。

この方が藩政の中枢に就《つ》いているとき、福井藩は政治顧問として横井小楠を九州から呼びました。

勝海舟《かつかいしゅう》の座談を集めた『氷川清話《ひかわせいわ》』に載《の》っていたと思いますが、勝は、幕臣のころ、「横井小楠の思想を、西郷隆盛がやってのけたら、幕府は倒《たお》れてしまうぜ」というようなことを、予言的に言っていたそうです。現実にそうなったので、勝の見通しにはすごいものがあります。

幕末の志士・橋本左内を招霊《しょうれい》する

でしょうか。

大川隆法　橋本左内は、時代の中枢部分と関係のあった方の一人なのではないでしょうか。

もし天上界《てんじょうかい》で今の日本を見ておられるならば、政治の変動期に当たって、何らかのご見解、ご見識をお持ちなのではないかと思われます。幸福の科学が高級諸霊から今までにまだアドバイスいただいていないようなことを、言ってくだされば幸いかと考えています。

この方について、私は、それほど詳《くわ》しくは存じ上げないのですが、今だったら、どういうことを考え、どういうことを言われる方なのか、調べてみたいと思いますし、現代の諸問題について、どう答えてくださるのか、見てみたいものです。

では、始めましょう。

（合掌《がっしょう》し、瞑目《めいもく》する）

幕末維新のころに志士として活躍《かつやく》されました、橋本左内の霊《れい》をお呼び申し上げたいと思います。

橋本左内の霊よ。

どうか、幸福の科学総合本部に降りたまいて、そのお心のうちを明かしたまえ。

橋本左内の霊よ。

どうか、幸福の科学総合本部に降りたまいて、そのお心のうちを明かしたまえ。

（約二十秒間の沈黙《ちんもく》）

2　勇気を振《ふ》り絞《しぼ》って、言うべきことを言え！

『13歳《さい》からの道徳教科書』で最初に紹介《しょうかい》された橋本左内

橋本左内　うーん。橋本左内……ですけど。

里村　橋本左内先生、本日は、幸福の科学総合本部にご降臨くださいまして、まことにありがとうございます。

本日は、幕末という、激動期の日本にあって、西郷隆盛《さいごうたかもり》先生をはじめ、多くの方から、「福井藩《ふくいはん》に橋本左内あり」と言われ、「天才」と称《しょう》されました、橋本先生より、現在の日本の時事問題や教育など、さまざまなことについて、お話を賜《たまわ》ればと思います。どうぞ、よろしくお願いいたします。

橋本左内　私は代役なんじゃないの？　ええ？

里村　とんでもないです。

橋本左内　君らは、「今上《きんじょう》天皇の守護霊《しゅごれい》の霊言《れいげん》」を聴《き》く予定だったのに、「危険度が高い」という理由で、橋本左内に差し替《か》えられたと聞いておるけど（注。本霊言収録の翌日〔八月二十九日〕、幸福の科学総合本部に今上天皇の守護霊を招霊《しょうれい》して、霊言収録を行った。『今上天皇・元首の本心　守護霊メッセージ』

〔幸福の科学出版刊〕参照）。

里村　いえいえ。

橋本左内　大阪《おおさか》に橋下《はしもと》（大阪市長）っていうのがおるからな。字が違《ちが》うけど。

里村　はい（笑）。字が違います。

橋本左内　それにぶつけたくて、私を持ってきたんじゃないの？　あっちが自分を「橋本左内の生まれ変わり」なんて言い出したら困るからな。

里村　いえいえ。

橋本左内　〝口封《くちふう》じ〟をしなきゃいけない。

里村　今上天皇の守護霊の霊言を収録する話より先に、「橋本左内先生からお話をお伺《うかが》いしたい」という話は出ておりました。

橋本左内　うーん。

里村　はい。橋本左内先生のお名前は、幕末や明治だけではなく、最近……。

橋本左内　あまり知られていないよ。

里村　いやいや、とんでもないです。最近出て話題になりました、『13歳《さい》からの道徳教科書』（育鵬社《いくほうしゃ》刊）という本で、最初に紹介《しょうかい》されている人物が橋本左内先生であり、そこには先生のご著書のお言葉が載《の》っています。

橋本左内　そうかあ。十三歳からの本だと、年齢《ねんれい》が若いから引っ掛《か》かったんだろう。

里村　いや、その本は私の知り合いの編集者がつくりましたが、「橋本先生についでは、今の日本人に、若いうちから、しっかりと知っておいていただかないといけない。橋本先生を、とにかく最初に今の日本人に知っていただきたいのだ」と申しておりました。

生きている人間の考えが世の中を動かしている

里村　今日は、ぜひとも、先生のお心のうちを、お話しいただければと思います。

橋本左内　うーん。だけどさあ、やっぱりねえ、君、〝ダブルブッキング〟はいけないよ。「ほかの人に声をかけといて、直前で入れ替える」っていうのは、やっぱりよくない。君が（今上天皇の守護霊に）下品な質問をするんじゃないかと思って、みんなが恐《おそ》れてさあ、変えたらしいんだよ。

里村　いやあ（苦笑）。

橋本左内　失礼に当たることを訊《き》くんじゃないかと思って……。

里村　たいへん申し訳ございません。

橋本左内　私だって怒《おこ》るかもしれないんだから、それは同じなんだけどさ。

里村　恐れ入ります。

橋本左内　いやあ、今上天皇の本心を聴きたかったんでしょう？　ズバッと訊いたらいいじゃない？　その代わり、君は暗殺されてもしょうがないよ。

里村　いえいえ。まず、橋本先生のお考えを……。

橋本左内　右翼《うよく》の生贄《いけにえ》になって斬《き》られるのなら、「安政《あんせい》の大獄《たいごく》」風にやられたらいいじゃないか。ああ？

里村　いえいえ。右翼のほうは、それはそれで、われわれが、しっかりと対応させていただきます。はい。

橋本左内　いや、俺《おれ》なあ、そういうの、あまり好きじゃないんだよ。やっぱり、ストレートに行《い》ったほうがいいよ。左内なんて、もう死んだ人だからさ。

里村　いやいや。とんでもないです。

橋本左内　生きている人間の考えが、やっぱり、世の中を動かしているんだから、そっちに突《つ》っ込《こ》むべきだよ。

里村　橋本先生、今の日本は幕末以上の変動期なので、幕末や明治期の、いろいろな霊人《れいじん》に出ていただいて、指針を頂いております。

そこで、開国、貿易、国防、そういったところで、先見性をお示しになった橋本先生から、今日は、ぜひ、お言葉を賜りたく存じます。どうか、お願いいたします。

橋本左内　うーん。

「本物だ」と信じたら、何ものも恐《おそ》れるべきではない

里村　それでは……。

橋本左内　君たちねえ、でも、やっぱり、勇気を振《ふ》り絞《しぼ》らなくてはいけないよ。

里村　はい。

橋本左内　暗殺を覚悟《かくご》して、言うべきことを言わなくてはいけないんだよ。

里村　はい。それはもう……。

橋本左内　「橋本左内の霊言」なんか、いつでも録《と》れるんだよ。

里村　いえいえ。そんなことはございません。

橋本左内　だからさあ、ばっさりやられるかもしれない霊言を、やっぱり、録るべきだよ。

里村　はい。『啓発録《けいはつろく》』にもありました、「気を振るう」ということは当然でございますので、それはそれで、しっかりと肝《きも》に銘《めい》じてまいります。

橋本左内　もちろん、君なんかは、宮中に参内《さんだい》して、インタビューをさせてもらえる立場に立つとは思えないからさあ。

里村　はい（苦笑）。もちろんでございます。

橋本左内　この世的に見たら、「それは失礼に当たる」っていうのは、確かにそうで、常識的には、そのとおりではあろうけど、過去の霊言には、歴代の天皇も何人か出ておるし、明治維新《いしん》の大立者《おおだてもの》も、大勢、出てきておるんだからさあ、君らが、「自分たちの信じるものは本物だ」と思うなら、何ものも恐《おそ》れるべきではないと思うな。

橋本左内が出たって、誰《だれ》からも襲《おそ》われやしないよ。今の〝井伊直弼《いいなおすけ》〟も、もう権力の座から去ったことであろうしな（注。この収録の十日ほど前に退任した、財務省の勝栄二郎《かつえいじろう》事務次官《じかん》は、過去世《かこぜ》で井伊直弼だったことが判明した。『財務省のスピリチュアル診断《しんだん》』〔幸福実現党刊〕参照）。

里村　ただ、そういう立場を去りながら、まだ、院政とも言えるものを敷《し》いております。それも含《ふく》めて、ここからがまた大事でございますので、ぜひとも、橋本先生のお考えを、お聴かせ願いたいと思います。

橋本左内　いや、俺は、小藩において、短期間、政治の中枢《ちゅうすう》を担《にな》うように言われただけの人間だからさ、この大国日本の舵取《かじと》りや、世界のなかの日本を語るには、勉強が足りないんじゃないかなあ。

里村　とんでもないです。当時の日本にあって、オランダ語、ドイツ語、英語と、三カ国語を使われて、世界の最新情勢に十分に通じておられた橋本先生であればこそ、現在の日本についての貴重なご意見を頂けると思います。

今、「韓国《かんこく》の現職の大統領が、こともあろうに、天皇に謝罪の言葉を要求する」ということが起きています。

橋本左内　だから、天皇陛下の反論を聴くべきだよ。

里村　いやいや、それはそれでありますが、もう一点、中国においても、「北《ペ》京《キン》の公道において、日本大使の車が襲われ、日本の国旗が盗《と》られる」という、とんでもない、前代未聞《みもん》の事件が起きております。

橋本左内　それは、もう、肚《はら》をくらないといかんと思うな。

里村　それに対して、今の日本の首相は、「毅然《きぜん》たる姿勢を示す」というようなことを言っておりますが、まだまだ突っ込み不足の点もあると思います。

橋本左内　毅然たる姿勢を示して、石原慎太郎《いしはらしんたろう》都知事の尖閣《せんかく》上陸を拒《こば》み……。

里村　そうです。

橋本左内　自分は行かないんだろう？

里村　はい。

橋本左内　自分が行くんならいいよ。「おまえは行くな。首相である俺が行く」っていうんなら、それは毅然たる態度だよな。けど、石原の上陸は拒み、自分は行かないんだろう、どうせ。

里村　ええ。言葉に行動が伴《ともな》っておりません。

3　国防を正面から捉《とら》えよ！

明治維新《いしん》当時も、朝鮮《ちょうせん》半島問題は「国防の問題」だった

里村　現在の日本の情勢をご覧になって、橋本先生は、どのように思われ、また、どのように分析《ぶんせき》なさいますでしょうか。まず、大局的な見地から、お聴かせ願いたいと思います。

橋本左内　いや、俺《おれ》に大局観はないよ。俺は、小藩《しょうはん》のちょっとした運営を任されていたレベルで、「洋学を知っていた」っていう程度のことだから、大局観

は持っていない。それは、もうちょっと立派な方にお訊《き》きになったほうがいいかと思うけど。

まあ、肚《はら》の据《す》わった人がいないと、この国は危ないんじゃないかな。

里村　それは、どういうことでございましょうか。

橋本左内　いやあ、だから、もう翻弄《ほんろう》されつつあるでしょう？

里村　はい。

橋本左内　だから、今日、私は天皇と天秤《てんびん》にかけられて……。私なんかと天秤にかけられてはいけないと思うんだけどね。

里村　いえいえ。

橋本左内　君らが「天皇陛下の守護霊《しゅごれい》のお言葉を聴こうか」としていたのも、あれだからだろう？　韓国《かんこく》の大統領が、要するに、「日本の首相じゃ話にならない」って言っているんだろう？　一年ごとに替《か》わるような、日本の首相じゃ、話にならないから……。

里村　歴史的な経緯《けいい》がございますので……。

橋本左内　だから、「天皇の抽象《ちゅうしょう》的な言葉なんか要《い》らないから、具体的に謝罪しろ」と、こう来て、「自分が、天皇と対等か、対等以上であることを見せたい」ということだ。そういう挑発《ちょうはつ》だったんだろう？

里村　私は、あの様子を見て、本当に十九世紀の朝鮮《ちょうせん》半島を見るような思いがいたしまして、橋本先生がお付き合いをなされた西郷隆盛《さいごうたかもり》先生の「征韓論《せいかんろん》」に関し、「そのとおりだった。正しかった」ということを、今回、確信した次第《しだい》です。

つまり、国際情勢というものをまったく考えず、内政の論理だけで政治を進める人々が、重要な場所、戦略的要地に、韓国という国をつくっておりますが、これが、いかに危険なことであるか、幕末から維新《いしん》にかけての日本の指導者の方々は、きちんと分かっていたのだと思います。今に至って、そう思う次第です。

橋本左内　当時も朝鮮半島問題は同時に国防の問題だったからね。あそこ経由で中国もロシアも南下してくるから、あそこを取られたら、日本は本当に中国やロシアと「一衣帯水《いちいたいすい》」になる。あそこを大国が占拠《せんきょ》し、拠点にして攻《せ》めてこられると、日本は極《きわ》めて危険なことになるわね。

ロシアのほうは、あそこを占拠しないと、やはり、港を十分に確保できない。あとは雪とツンドラの世界で、危険があるしな。

今後も韓国が大きな問題になる。

今、明治と同じかどうかは知らんけど、「ロシア問題、中国問題、韓国問題を、どう捌《さば》くか」っていうのは非常に大きな問題だろうな。

「地方と中央の綱《つな》引《ひ》き」をやっている時代ではない

里村　先生が、今、現代の日本にいらっしゃったら、どのような方針や策をお立てになりますでしょうか。

橋本左内　いや、この期《ご》に及《およ》んで、「国防を正面に捉《とら》えない」っていうのは、やっぱり、基本的にはおかしいと思うよ。国防を正面から脇《わき》に押《お》し出すこと自体がおかしいことだ。まだまだ、「平和憲法死守」という勢力のほうが強く、マスコミも、そちらのほうに誘導《ゆうどう》していこうとしておるけど、これは亡国《ぼうこく》勢力と言わざるをえない。これを引っ繰《く》り返すのが「維新」かもしれないな。

だけど、「大阪《おおさか》維新の会」というやつは、全然、国防なんか考えていないだろうからさ。今どき「道州制」なんて言っとるし、「消費税は地方によこせ」と言っとるだけだろう?

政府は、「社会保障と税の一体化」と言っているが、あれは、結局、消費税を国の税金に持っていくために言っているだけでしょうね。それだと地方が消費税を取れないからな。消費税は、外国では、もともと地方の税金になっているけど、日本の政府は、それを地方に取らせないために、いろいろとやっている。

でも、「地方と中央の綱引《つなひ》きをやっているような時代じゃないんだ」っていうことが、なんで分からないのかな。

〝井伊直弼《いいなおすけ》〟がいたんだったら、井伊直弼らしく、きちんと、やるべきことをやったらいいんじゃないかな（笑）。言うことをきかない者をしょっぴいてきて、小伝馬《こでんま》の牢《ろう》にでも入れ、処刑《しょけい》すればいいんだよなあ。

里村　いやいや。心ある正しい方が処刑されたら困ります。

橋本左内　ちょっと論点がずれているし、マスコミの腰《こし》も引けとるんだろうけどね。

政府は、とにかく、事なかれ主義で、「何もなければいい」っていうことだから、イニシアチブ（主導権）を外国のほうに取られており、「あちらのほうが仕《し》掛《か》けてきたら、どうするか」っていうことばかり考えとるんだろうからさ。

「国として、どうしたい」っていうものがないので、国家として錆《さ》び付き、滅《ほろ》びようとしている感じだな。
私らには、こんな国をつくった覚えはないがな。

4　竹島《たけしま》問題が「日米韓《にちべいかん》三国の協力体制」を壊《こわ》す

なぜ半世紀以上も竹島《たけしま》を放っておいたのか

里村　韓国《かんこく》は竹島《たけしま》の実効支配を行い、「歴史的にも韓国の領土だ」と言っております。今、韓国が軍事的に押《お》さえている状態の竹島を、どのようにしたらよいと思われますでしょうか。

橋本左内　「なんで今まで放っておいたの?」っていうことが大きいわな。向こうから言えば、「今ごろ何を言っているの?」ということだろう?　もう六十年近くになろうとしているんじゃないのか。

里村　はい。

橋本左内　他人が入ってきて、庭に家を建てて住んでいたら、普通《ふつう》は追い出さなくてはいけないわな。半世紀以上も住まれたら、追い出すのは、なかなか大変だぜ。なあ？　裁判をしたって、そう簡単に決着はつかないよな。

「自衛隊が不備な時代であったから、できなかった」ということもあろうが、時の政治家の無能ぶりを感じるね。その当時は、日本という国が、ものすごくひ弱《よわ》で、脆弱《ぜいじゃく》で、将来性のない国家だったんだろうな。

里村　この不法占拠《せんきょ》の状態は、ちょうど六十年間ぐらいになるのですが、今まで、日本は、事なかれ主義で、この問題に触《ふ》れてきませんでした。こういう部分が、そもそも、戦後の日本のおかしなところであったとお考えでしょうか。

橋本左内　「李承晩《りしょうばん》ライン」なるものを引かれ、一方的に韓国領と宣言されたときには、自衛隊は、まだ満足な機能を持って存在していなかったんじゃないのかな。

里村　まだ警察予備隊でした。

橋本左内　そうだろう？

里村　はい。始まったばかりでした。

橋本左内　警察予備隊では外国の軍隊と戦えないな。だけど、「自分たちの固有の領土だ」と思うんだったら、やっぱり、基本的には十年以内に取り返さないといけない。それ以上、放置したら、認めたことになる可能性は高いわな。

韓国《かんこく》には、いつでも中国の傘下《さんか》に入る用意がある

橋本左内　韓国《かんこく》も、今、ちょっと悩乱《のうらん》してはいるんだけどね。中国寄りに行ったらいいのか、アメリカ寄りに行ったらいいのか、どうしたらいいのか、分からなくなってきているので、ちょっと悩乱していると思うな。

北朝鮮《きたちょうせん》が核《かく》武装をしたけど、有効な核攻撃《こうげき》が行える体制を明確に北朝鮮が築けていれば、韓国は、あっという間に降伏《こうふく》してしまう立場にある。

そうなると、（韓国は）中国を通じて北朝鮮を抑《おさ》えなくてはいけないかもしれないだろう？　アメリカの今のオバマ政権じゃあ、北朝鮮を攻撃するかどうか、分からないからね。アメリカが優柔不断《ゆうじゅうふだん》を決め込《こ》んだ場合には、中国に止《と》めさせなくてはいけないだろう？　北朝鮮が「韓国を核攻撃するぞ」と脅《おど》すのを、「あれを止《と》めてくれ」と中国に頼《たの》み、中国が北朝鮮に脅しをかければ、止められるだろう？

それを考えている面は多分にあるから、韓国は、「万一《まんいつ》のときにアメリカが助けてくれない可能性がある」と感じているわけだけど、それは、日米同盟が揺《ゆ》らぎ、日本で反米運動が盛《さか》んになってきたこととも関係がある。だから、

「韓国独自で防衛ができなくなりそうな状況《じょうきょう》が生じている」という思いが、韓国にはかなりあるんじゃないかね。

里村　今、「韓国は中国の罠《わな》にはめられた」という論評も出ているのですが……。

橋本左内　あっちは、もともと、長年、中国の属国のような国だったから、いつでも、その傘下《さんか》に入る用意があるんだよ。いつでもそうなのよ。

日韓《にっかん》の争いの種になるぐらいなら、竹島《たけしま》は爆破《ばくは》すべきだ

里村　橋本先生は、日本の防衛政策について、どのようにお考えでしょうか。

軍事面と外交面の両面からお聴《き》かせください。

橋本左内　日本は軍事的にイニシアチブを取れるような状況にないし、オピニオンというか、世界をリードするような意見が何も言えない。いつも、受け身で、逃《に》げ腰《ごし》で、尻尾《しっぽ》をつかまれないような意見しか言えず、逃げ回って時間を稼《かせ》ぎ、自分の政権の安泰《あんたい》を考えるような政治ばかりが続いておるからね。

今、日本は、韓国《かんこく》から、ある意味で侮辱《ぶじょく》されてはいるわけだけど、これをもう少し有効に使うべきだと思うね。そういう、「侮辱された」ということをテコにして、やっぱり、きちんと改革をすべきだね。日本の意見をはっきり言えるような改革をしなければいけないわな。

だから、私だったら……。まあ、「私が何をしているか」によるから（笑）、

「私だったら」という言い方は当たっていないと思うんだがな。

里村　いえいえ。ぜひ……。

橋本左内　「私が何だったら」ということにしましょうか。ええ？　「私がどの立場にあれば」っていう話になりますかねえ。

里村　もし日本の首相であれば……。

橋本左内　首相ですか。首相にしてくれる？　そうですか。今で言えば、県の出納長《すいとうちょう》（現・会計管理者）か副知事ぐらいの立場だった者が、そんな立場でいいのかどうか、知らんけど……。

里村　いえいえ。

橋本左内　「私が首相だったら、どうするか」ということですかね。

里村　はい。

橋本左内　だから、韓国が竹島《たけしま》にヘリポートを築き、軍事基地をつくり、始終、武装警官が巡視《じゅんし》している状態は放置できないですね。日韓両国の将来の発展にとってもマイナスにしかすぎないし、「日米韓の三国の協力体制」を壊《こわ》すきっかけにもなりますのでね。
その周辺には地下資源もあるのだろうから、共同開発でもすればいいけど、そのようなものをつくれなければ、かつて韓国の大統領が言ったように、島自体を爆破《ばくは》して、なくしてしまうほうが、日韓にとってはいいかもしれないね。

里村 「紛争《ふんそう》の種そのものを」ですね。

橋本左内 ないほうがいい。あんな、岩礁《がんしょう》のような小島《しょうとう》があるために、日韓の争いが起き、アメリカも巻き込んでの争いになるんだったらね。
アメリカにとっては、日米関係も大事だし、米韓関係も大事だから、どちらかの味方はできず、非常に仲裁《ちゅうさい》しにくい立場にあるので、基本的に日韓の二国間の問題になってくる。だから、ないほうが基本的にはいいわな。

私は、あの島があまりにも問題になるんだったら、もう、破壊《はかい》してしまうか、国連の統治のようなかたちで国連に預けてしまうか、どちらかにしたほうがいいような気がするけどな。

「固有の領土」を主張する以上、戦争を覚悟《かくご》しなくてはならない

里村　朝日新聞という新聞社は、「日本のオピニオンにおいて、トップの立場にある」とも言われていますが、そこの主筆《しゅひつ》とされる人は、かつて、「友情の島として、竹島を韓国にあげたらどうか」というようなことを言いました。これについては、いかがでございましょうか。

橋本左内　「あげる」っていうのは、よく分からないけど、いちおう、「固有の領土」として主張する以上は、戦争を覚悟《かくご》しなくてはいけないと思うよ。だから、日本の側に、それだけの覚悟があるのかどうか。

海上保安庁の巡視船だけで対応するのか。それで対応できなかったら、自衛隊を出すのか。自衛隊を出すとして、どこまで戦う気があるのか。

そこまでレベル別に判断を決めておかないかぎり、向こうは、「自国の領土だ」と言い続け、挑発《ちょうはつ》を繰《く》り返すでしょう。

アメリカは今のところ介入《かいにゅう》しないと思いますよ。北朝鮮や中国の問題があるので、韓国を敵にするわけにもいかず、アメリカは、「まあまあ」というぐらいで見ているでしょうね。特に、今のアメリカは民主党政権だから、介入しない可能性がかなり高いですよ。日韓の戦争にでもなれば、アメリカは仲裁に出

ると は思うけどね。

いや、挑発されても、日本は必ず我慢《がまん》するから、向こうは間違《まちが》いなく挑発してくる。どこまで挑発したら、日本の堪忍袋《かんにんぶくろ》の緒《お》が切れるか、それを試《ため》しにくるな。

5　中国が日本をバカにする本当の理由

中国は「尖閣《せんかく》問題で日本が引っ込《こ》むかどうか」を見ている

里村　その「試《ため》し」という観点で申しますと、今回、尖閣《せんかく》諸島に不法上陸した中国の者たちを、日本政府は、あっという間に、強制送還《そうかん》というかたちで返し、「ほとんど何のお咎《とが》めもなく」というのが実態でございました。

これについて、野田首相は「毅然《きぜん》とした対応」とは言っておりますが、私は、対韓国《かんこく》の観点からも非常に生ぬるいと考えております。これに関しては、いかがでございましょうか。

橋本左内　尖閣諸島の位置は、日本人には、よく分からないのかもしらんが、台湾《たいわん》に極《きわ》めて近い所だわな。だから、中国にとっては、尖閣を取るのも、台湾を取るのも、たぶん、同じだろうね。この辺を取られることは、日本の海上交通路を押《お》さえられることを意味しておる。

日本国政府は、「尖閣諸島への中国の上陸を認めないが、東京都の上陸も認めない」という姿勢であるため、石原都知事が、「俺《おれ》は尖閣に上陸する。それで逮捕《たいほ》されても結構だ」と言ったりしているんでしょう？

まことに不思議な不思議な内輪揉《うちわも》めだな。「この国だったら、何もできないだろう」と見て、東京都が代理でケンカをやろうとしているんでしょうけど、国のほうは、まことに不思議な対応をしているな。

里村　こういう中国や東京都に対する対応は、国際社会に対して、どういうサインとなって出ているとご覧になりますか。

橋本左内　中国の本性《ほんしょう》については、もう、ある程度、ばれてはおるけどね。人権活動家やノーベル平和賞を取った者への以前の対応等について、中国は世界から非難を受けておるので、世界の人たちは、おそらく、その延長線上で中国を見ており、そう大きな狂《くる》いを持った目では見ておらんだろう。

ただ、「尖閣諸島は、日本のものなのか、中国のものなのか」ということについては、外国の人たちには、よく分からないだろうから、領有を強く言う国のほうを「本当かな」と思うだろうね。

中国で、人々が、デモをしたり、大使の車を襲《おそ》ったり、日本の商店を襲ったりして暴《あば》れているけど、「それで日本が引っ込《こ》むかどうか」を見ている状態だろうな。本当に毅然たる態度で臨《のぞ》むのかどうか、見ているところでしょうね。

里村　今回、日本の在北京《ざいペキン》大使の車から日本国旗が盗《と》られた事件では、「中国側がすぐに謝罪した」という理由で、外務大臣からも首相からも、中国に対する不満というか、抗議《こうぎ》の意思があまり示されておりませんが、「こういう姿勢が次の外患《がいかん》を呼ぶ種になりかねない」と考えてよろしいでしょうか。

橋本左内　というか、向こうは、「沖縄《おきなわ》は、当然、中国固有の領土」って、もう、とっくに宣言しているし、それをもっと世界的に宣言する時期が近づいている。「ついでに日本まで琉球省《りゅうきゅう》に入れてしまおう」っていうようなことまで言うとるんだろう？

だから、この日本人の性格を変えないかぎり、駄目《だめ》だね。だから、もうちょっとキムチを食べて、しっかり、怒《おこ》る練習をしなければ、駄目かもしれない。「なあなあ」を言いすぎると、どんどん、どんどん、やられていく。

「世界は、そんなに人のいい人ばかりではないんだ」ということだよな。だから、反撃《はんげき》というか、「反論できない」というのは情けないことだ。最終的には、「自衛隊をどこまで使う気があるのか」ということにかかっていると思うよ。

二十年間、経済成長がなかった日本と、八倍になった中国

橋本左内　日本が中国にバカにされた理由の本質は、結局、「この二十年間、日本の経済はまったく成長していないにもかかわらず、二十年前に日本の八分の一の経済規模しかなかった中国が日本を追い抜《ぬ》いた」ということだ。これで向こうが意気揚々《いきようよう》となり、強気になるのは、当たり前と言えば当たり前だよね。

しかし、日本の当局のほうからは、「なぜ、二十年間、経済が成長しない政策をとり続けていたのか」ということについての反省の弁が何も出ていない。

中国のＧＤＰ（国内総生産）は、一九九一年には日本のＧＤＰの八分の一しかなかったのに、二十年で八倍になった。八分の一しかなかったら、ケンカの相手にならないよね。八倍あるほうが、ケンカにならないぐらい強い。

ところが、この二十年間で、向こうは日本を超《こ》え、日本はそのままだった。これは、おかしいわな。

向こうが成長したことに関しては、あちらの努力もあったと思うけど、日本が成長しなかった原因には日本の内政問題があった。それは中国だけの責任ではない。経済政策や金融《きんゆう》政策を絡《から》めて、日本の政治当局の判断に問題があった。

それは、「国の発展について考えていなかった」ということだね。

この「発展を考えなかった」ということのなかに、もし、贖罪《しょくざい》史観が紛《まぎ》れ込んでいて、そうなったんだったら、問題だな。

ちょうど国の発展が止まったころと、従軍慰安婦《じゅうぐんいあんふ》の問題や教科書問題などで、一生懸命《いっしょうけんめい》に謝《あやま》り始めたのとは、たぶん軌《き》を一《いつ》にしておるんだろう?

もし、国の中枢《ちゅうすう》にいる人たちが、日本の発展をあきらめて、韓国や中国の発展のほうを望んでいたとしたならば、これは確信犯だわな。

「発展ビジョン」を描《えが》けなかった政治家は総退陣《そうたいじん》すべきだ

里村　この十年、あるいは十数年を考えますと、中国では、チベットで暴動が起きたりしましたし、韓国では、ウォン（韓国の通貨）危機などがありました。また、「リーマン・ショック」では、両国とも、今の地位がグッと落ちるような危機にもあったのですが、両国とも経済を立て直しました。

ところが、日本の政治家は自国の経済の停滞《ていたい》を傍観《ぼうかん》しておりました。やはり、その分の自己責任もあると考えてよろしいでしょうか。

橋本左内　日本の政治家は、実際上、総退陣《そうたいじん》すべきなんじゃないですかねえ。

以前は、「政治は三流、経済は一流」と言われていたんだろうが、経済まで三流に落としてしまったわけだな。その間《かん》、ほかの国々は発展しているから、やっぱり、おかしいわなあ。

これは、「ビジョンを描《えが》けなかった」ということだ。要するに、「国の政治として行《おこな》ったことは、全部、方向が正反対だった」ということだろう？　今も正反対をやろうとしているように私には見えるな。

君らの指導霊《しどうれい》たちには増税賛成論者がいないのを、彼らは不思議がっていたようではあるけれども、増税に賛成ではない点は私も同じだね。

彼らは何か考え違《ちが》いをしていると思うんだよ。

つまり、「この二十年間、日本の経済がまったく発展しなかった」っていうことに対して、その責任を追及《ついきゅう》するのではなく、「十倍の人口を持っている中国よりも、日本の経済規模のほうが大きかったことが悪かったのだから、それより小さくなるのが正しい」というような考えが背後にはあるんだ。

だから、中国は日本の言うことをきかなくなってきたし、韓国だって、もう、「日本経済なんか、そのうち抜いてやろう」と思っているのは間違いないことだろうと思う。

だけど、文化的には、中国や韓国の粗悪《そあく》な部分が、これから表面化してきて、グローバル競争に乗ってこられないところが見えてくる。彼らは、すごく〝自《じ》己《こ》中《ちゅう》〟（自己中心）にやっておるから、それが見えてくるだろうとは思う。中国や韓国にとっては残念だろうけど、彼らは世界のリーダーにはなれないよ。基本的に自分たちのことしか考えていないからな。

6　日本衰退《すいたい》の原因となった「敗戦のトラウマ」

自虐《じぎゃく》的な考え方を持っていると、発展を拒否《きょひ》するようになる

里村　橋本先生のお考えをお聴《き》きしますと、今の日本の贖罪《しょくざい》意識は、政治家だけではなく、マスコミにも教育にも及《およ》んでいるように思われます。

橋本左内　自虐《じぎゃく》的だからね。

自虐的な考え方を持っておると、発展する方向を拒否《きょひ》する考え方をして、その反対ばかりをする。

今だって、原子力発電の廃止《はいし》運動を、一生懸命《いっしょうけんめい》、全国的にやっていて、次の選挙は、「原子力発電を廃止するかどうか」ということが争点になりかねない雰囲気《ふんいき》になっているけど、その原子力発電所を全国に建設するに当たっては、いったい、どれだけの国費を投じたのか、一回、それを明らかにしてもらいたい。

それによって、発電コストがどのくらいになったのか。化石燃料になったら、これがどうなるのか。あるいは、一部の人が言うような、太陽光《こう》パネルの発電に変えたら、いったい、どういうエネルギー効率になるのか。

こういうことが分かるように、もう少し、はっきり言ってくれないとね。

やっぱり、感情で言いすぎているように思う。

「原子力発電所に、もし事故が起きて、放射能が漏《も》れたら、どうする。放射能漏れで死にたくない」と言うのは構わないんだけど、そういうデモをする人たちに、「電気料金が値上げされても構わない」と言う権利はないと私は思うんだよ。

彼らは、そういう立場にはないと思うんだな。石油や石炭の時代に戻《もど》して、電力コストを高くし、東京都や、ほかの都市の電気料金を値上げさせる権利は、基本的にないと思う。こんなことをする立場には立っていないわな。嫌《いや》だったら、遠い所に行けばいいんだ。「居住・移転の自由」があるんだろう？

だから、それには何か〝憑《つ》きもの〟が憑いているんじゃないかな。

里村　そういう不満を持っている人たちは、電気料金が上がることについて、よく考えていない人たちだと思います。

毎週のように首相官邸《かんてい》の近くでデモを行《おこな》っている人たちがいますが、先日、そういうグループのリーダーと総理大臣とが会いました。これは、非常に間違《まちが》ったサインを送ることになるのではないかと私は思うのです。

橋本左内　まあ、ガス抜《ぬ》きなんでしょう。「もともと左翼《さよく》の勢力が支持基盤《きばん》だったので、それをつなぎ止めたい」と思い、やっておるんだろうけどね。

日本衰退《すいたい》の元凶《げんきょう》は宮澤《みやざわ》政権のあたりにある？

里村　ここまでのお話をお伺《うかが》いしていますと、「外国勢力からも、日本国内からも、要するに、日本衰退《すいたい》論というものが進められているような現状だ」と感じられるのですが、そのように理解してよろしいでしょうか。

橋本左内　だから、やっぱり、「あなたがたの言っていることは正しい」と思うんだけど、今は、日本発展論を出したら、基本的にマスコミがみんな信じないんでね。日本人には衰退を望んでいるようなところがあるわけよ。

ただ、衰退を望んでいるわりには、「老後の生活を保障しろ」と言ってくるんだな。「日本の衰退を望みながら、老後の生活を保障する」っていうのは、どういうことかというと、これは国家としての崩壊《ほうかい》を意味するんだけどね。こういう矛盾《むじゅん》したことを平気で言うとるわな。

経済的に成長を続けるならば、老後だって安定化していくのは当然だけど、これから衰退していくのに、「老後の面倒《めんどう》を見る」っていうのは、無理な話だと思うよ。

だから、最後は竹島《たけしま》と尖閣《せんかく》諸島が姥捨《おばすて》山になって、八十歳《さい》以上の人たちは、みんな、あそこに置き去りにしなくてはいけない。「どうぞ、自由に処分してください」と言わなければいけなくなるかもしらんなあ。

里村　その意味では、現代の日本において、「平成の啓発《けいはつ》論」が本当に必要ではないかと思うのです。

橋本左内　私は、基本的に、「日本人は安易に満足したんじゃないか」と思うね。安易に満足して、ちょうどバブル期の最後ぐらいに、「アメリカを抜《ぬ》いてはいかん」というような思いが出たあたりで、逆回転したというか、ハンドルを逆に切った感じがあって、それ以降、よその国にやられてきた感じだな。

だから、元凶《げんきょう》を探《さぐ》れば、宮澤《みやざわ》（元首相）さんかな。

里村　はあ。

橋本左内　やっぱり、「このあたりかなあ」とは思うけどねえ。このあたりでしょうかね。

だから、敗戦を経験した人の持っている、「敗戦のトラウマ」というか、そういう心の傷のようなものが出てきたかねえ。「アメリカに勝ってはいけない」という気持ちがあったんじゃないか。

里村　おっしゃるとおり、宮澤さんの登場は一九九一年の後半でございます。

橋本左内　「そのころの問題か」と基本的には思うがなあ。

あと、マスコミのほうは、一方的に自民党の長期政権をずっと攻《せ》めておったしな。「政権が替《か》わりさえすればよくなる」というような感じではあったけれども、民主党を政権に就《つ》けても、結局は自民党化してきた。やっぱり、それでなくては政権を運営できないところがあるんでな。

だから、君らも、今は、非常につらい立場だなあ。

今のままのマスコミの論調だったら、三年前に民主党政権を立てたようなことを、また、違うかたちでやって、引っかき回しそうな感じだよね。

マスコミには、自分より知力の低い人をほめ称《たた》える癖《くせ》があるんだよ。「そういう人を持ち上げて、自分たちの自由にしたい」という気持ちがあるからね。

逆に、自分たちに意見を言うような人は嫌《きら》いで、そういう人は好きではない。
だから、基本的には、自分たちが操縦できるような人が好きなのさ。

7　大きな見識を持った人材を輩出《はいしゅつ》せよ！

幸福実現党を十分の一、百分の一に評価しているマスコミ

里村　幸福実現党は、今、大きな風を起こそうとしています。そこで、幸福実現党の釈《しゃく》青年局長より、質問させていただきたいと思います。

釈　本日は、ご指導、まことにありがとうございます。

橋本先生におかれましては、現在の日本をご覧になったとき、「幸福実現党が、より一層、大きな力を持たなければいけない」と思われていると思うので

すが、私たちは、なかなか力を発揮できず、マスコミ等の壁《かべ》にも阻《はば》まれております。

ただ、根本《こんぽん》は、私《わたくし》たち自身の志の問題であり、信仰《しんこう》の問題であると考えております。そこで、橋本先生より一喝《いっかつ》を頂ければありがたいと思います。よろしくお願いいたします。

橋本左内　今だって、カウントされてないじゃない？　選挙期が来ているのに、幸福実現党はまったくカウントされてないじゃないか。誰《だれ》も（選挙に）通ると思っていないんでしょう？　マスコミも思っていない。国民も思っていない。中にいる信者のみなさんだけが、「秋祭りだ」と思ってやっているだけだ。まあ、そういう無視された状態で走っておるわけだから、なかなか、そんなに簡単ではないわな。

残念だけど、中にいる人は、自分たちを十倍、百倍に評価しており、外にいる人は、あなたがたを十分の一、百分の一に評価している。これだけの矛盾《むじゅん》は、はっきりとあるわけだな。

あなたがたは、マスコミが操縦しにくいタイプであるので、マスコミには、あなたがたに協力する気が基本的にないのだろう。批判も十分にしてくるしね。だから、今、「この国が滅《ほろ》びるかどうか」が懸《か》かっていると思う。過去、予言者が出ても、滅びた国はたくさんあるけど、あなたがたも、そういうかたちでの実証になるのかもしれないね。それは、「（幸福実現党が）現実的勢力を持てるか」というところにかかっているだろうと思う。

ただ、何だろうかねえ。「政治的信条としては、ある程度、受け入れることができても、宗教のところの信仰がネックになって、結局、合流できないでいる人が大勢いる」っていうのは残念だけど、それは、「あなたがたの運命が、今のところ、そこまでしかない」ということだ。なんか、だらしない限りだよね。

「マスコミの壁《かべ》」を突破《とっぱ》するには、マスコミ以上の人材が必要

釈　その現状を打破するポイントは、どのあたりにあるとお考えでしょうか。

橋本左内　うーん……。これには、日本人改造計画が基本的に必要だからねえ。ものの見方・考え方について基本的な改造がなされないと駄目《だめ》なんだ。

日本では、事なかれ主義の似非《えせ》平和主義がずーっと続いてきているわけだし、

マスコミは、価値判断において逆の判断を平気でしてきて、自分らの失敗は隠《いん》蔽《ぺい》し続けている。役所とか東電とかを責めるけども、自分らのほうの失敗は、隠蔽するからね。さらに、日本人は、ある意味で、「日本は能力を超《こ》えて発展した」と思っているのかもしれない。

まあ、こうした壁《かべ》を抜《ぬ》けていくためには、やっぱり、それ以上の人材をつくっていくしか方法はないね。それより大きな見識を持った人材を輩出《はいしゅつ》するしか方法はない。

里村　人材づくりですか。

橋本左内　うーん。だから、人材の見識が、島国の意識で止まっていると思うんですよ。アメリカびいきについて悪くは言わんけれども、アメリカ頼《だの》みで終わってしまっているところがあってね。やっぱり、アメリカとも丁々発止《ちょうちょうはっし》と意見を交換《こうかん》できるぐらいの人材を出さないといかんのだよな。

そのへんが足りないと思うし、今回の韓国《かんこく》、中国に対しても、相手を、言論でバシッと論理的に説得できる人が欲《ほ》しいわな。

「そういうタイプの人が（国会議員として）選ばれてこない」っていうところが、残念ではあるわなあ。

8 「マッカーサー憲法」など捨てて、新しくつくれ!

憲法改正もできないような国家は、滅《ほろ》びてもしかたがない

里村　西郷隆盛《さいごうたかもり》先生は、生前、橋本左内先生をたいへん尊敬しておられ、「器《うつわ》や先見性において、これほど、すごい人はいなかった」というような言葉を遺《のこ》されています。

橋本先生は、当時、「ロシアとつながるべきである」といった開国論や、国防論をいち早く説かれましたが、福井《ふくい》という地方に生まれながら、なぜ、そうした、日本に求められる人材となられたのでしょうか。

橋本左内　まあ、地の利としては、いいわけではないけどもね。

あのへんにいて、薩摩《さつま》、長州《ちょうしゅう》、土佐《とさ》、それから幕府と、全体を見ていたわけだが、まあ、一つには、やっぱり、洋学をやったことが大きいかな。蘭学《らんがく》をやって、西洋のものの見方・考え方を学んだ人間からは、「日本のやらねばならんこと」っていうか、「立ち遅れているところ」は、もう、はっきり見えておったからね。

だから、なんぼ言っても、開国する以外に道がないことは分かっていたし、開国しても、いち早く近代化に成功しなければ、植民地化されることも分かっておった。

今、日本は、ある程度のところまで来ておるけども、いわゆる島国根性《こんじょう》を捨てて開国するに当たり、いちばん弱体化しているものは何かと言えば、それは、やっぱり、軍事力のところだと思うんですよ。これが対等ではないからね。

明治のときには、不平等条約を改正しようと、自分らで努力して、頑張《がんば》って、戦《いくさ》までやったぐらいなので、「自ら望んで不平等に甘《あま》んじている」っていうのは、おかしいことだよな。「北朝鮮《きたちょうせん》あたりで核《かく》開発されている」っていうことに対して、日本のマスコミが怒《おこ》らないのは、納得《なっとく》がいかないですわね。

核兵器が完成するのをじーっと待っているようなところが、やっぱりおかしい。その反面、「世界に先駆《さきが》けて、日本の原発をいち早くゼロにしよう」というような、机上《きじょう》の空論的な理想論が説かれているんだよねえ。

まあ、日本という国を、南の楽園かなんかのように思っているところがあるんだろうし、沖縄《おきなわ》に引っ張られて、かなり、やられているところもあるのかとは思う。

しかし、憲法の改正もできないような国家は、基本的に、滅《ほろ》びてもしかたがないんだよ。やっぱり、「自分らは滅びたいのか、滅びたくないのか」を問うて、投票しなきゃいけないね。

今の日本人は、マスコミの世論《せろん》操作っていうか、世論調査みたいなもので動かされているような状況《じょうきょう》で、とっても情けないねえ。うーん。情けないと思うなあ。

敗戦に乗じて押《お》しつけられた日本国憲法は「無効」である

釈　その意味で、憲法改正を行って……。

橋本左内　憲法なんか改正しなくていいよ。捨てたらいいんだよ。もう捨てろ！　改正しようとするのが間違《まちが》ってるんだ。改正なんかできないよ。捨てなさい。

マッカーサー憲法なんて、敗戦に乗じて〝帝国《ていこく》〟が押《お》しつけたものなのだから、そんなものに甘んじなきゃいけない理由はない。あれは、日本を無条件降《こう》伏《ふく》させ、全部、武装解除させた上で、押しつけた憲法でしょう？　そう言ったってねえ、こんなもん、民主主義と何の関係もありませんよ。

だから、そんなものは捨てるんです！　捨てて、自分たちでつくればいい。改正なんてしようと思っているのが間違いで、「無効」ということで、捨てるんです。新しく、自分たちでつくったらいいんですよ。

あんなものを改正しようなんて思っているのが間違っている。もともと、改正させないように、つくってあるんだ。日本が二度と再び立ち上がれないようにするためにつくった憲法なんですから。そういう悪意からできた憲法を、後生《ごしょう》大事に守っていたら、最後には国が滅びるのは当たり前ですよ。

9　当選したければ、論争を挑《いど》んで論破せよ！

宗教が「帝国主義的侵略《ていこくしゅぎてきしんりゃく》」に対して戦うのは当たり前

釈　憲法をはじめとする日本の弱体化の問題は、歴史をしっかりと学ぶことによって、乗り越《こ》えていけると思いますが、日本には、もう一つ、大きな課題があると思います。すなわち、仏法真理《ぶっぽうしんり》が日本で説かれている今、世界における日本の役割は、大きく大きく変わってこなければいけないと思っております。

橋本先生は、天上界《てんじょうかい》より、この日本の可能性をどう見ておられるでしょうか。お教えいただければと思います。

橋本左内　厳しいね。とっても厳しいわ。人材面から見て厳しい。国際的に通用するっていうか、相手をやり込《こ》めるところまで、自分の意見を言える人がいないわな。はっきり言って、今は大川隆法さんぐらいしかいないと思うよ。だけど、みんな、目に鱗《うろこ》がかかり、「宗教だ」と思って、差別して見ているから、その意見をまともに聞こうとしないわな。

しかし、帝国主義的《ていこく》侵略《しんりゃく》に対して宗教が戦うのは当たり前のことであって、民族的な考えと一体化して戦わなければ、普通《ふつう》、勝ち目がないわな。

外務省であろうと、外務大臣であろうと、首相であろうと、まあ、ほかにも、いろいろな人がたくさんいるけども、みんな、部分的なことは言えても、基本的に「事なかれ」であって、根本的なことで、相手を打ち負かせられないでいる。そういうところが駄目《だめ》だね。

もう、いいかげんに、冴《さ》えた頭で、やっていることのおかしさを反省したらどうかね。広島・長崎《ながさき》についても、「もう二度と、このような行為《こうい》はいたしません」というように、自分らで一生懸命《いっしょうけんめい》反省しているのは結構だけど、「自分らの国は悪い国で、悪いことをしました」って反省をし続けていたら、国防は無理ですよ。もう、できませんから。

今のままでは、政治の混乱は収まらず、国難が続くだろう

釈　その意味で、民主党では駄目だと思います。一方、「保守政党である自民党なら、国政を任せられるのか」というと、自民党こそ、戦後の日本を駄目にしてきた思想をどっぷり持っているわけです。

やはり、「今、新しい国づくりができるのは、幸福実現党しかない」と考えますが、そのことを、どのように説得していけばよいでしょうか。お教えいただければと思います。

橋本左内　残念だけど、厳しいね。今は、（衆議院では）民主一党で法案が通せる状態だろうけども、情勢を読むかぎり、（解散総選挙後は）民主と自民と公明で組むのか、第三極として、大阪維新《おおさかいしん》の会のようなものが、ある程度、勢力を取るのかは知らんが、いずれにせよ、連立型ですごく判断の遅《おそ》い政治がまた行われる可能性が極《きわ》めて高いんじゃないでしょうかね。

里村　高いと思います。

橋本左内　だけど、これは、国民の民度《みんど》が低いからだし、民度の低い国民にちょうど合ったマスコミしか持っていない悲しさなので、しかたがないねえ。「とことん失敗するまで分からない」っていうのは、悲しいけど、愚《おろ》かさの極みであるのでね。

そこまで愚かであることは……。ああ、もう、「明治の先人たちは泣いておる」ということだわな。

里村　そうすると、次の総選挙で、またしても同じようなことを繰《く》り返す可能性があるわけですね。

橋本左内　また同じことをやるよ。民主党を持ち上げたのと同じようなことをやって、また混乱状況《じょうきょう》を起こすだろう。意思決定ができない状態を起こしては、国難が続く。そういうことが繰り返し繰り返し起きるだろう。

釈　逆に言いますと、幸福実現党が議席を一つでも二つでも取ることが、日本の政治を大きく変える力になると思います。頑張《がんば》ってまいりたいと思います。

橋本左内　うーん、でも、今のところ、取れないな。宗教そのものが支持を受けていないから、残念ながら取れないね。

しかも、政党のほうの支持率は、さらに低くなっているわね。宗教そのものが盤石《ばんじゃく》な基盤を持ち、その周りにシンパ層が広がっている状況であれば、票が取れますけれども、宗教そのものの支持層よりも、政治の支持層はさらに薄《うす》くなっている。政治のほうの支持率はさらに低くなっているから、これでは取れないね。このままでは、残念だけども、うーん……。

まあ、残念だけども、「君たちは、みんな、〝安政《あんせい》の大獄《たいごく》〟で、いちおう〝処《しょ》刑《けい》〟の身分になる」ということだよ。今のままでは、全員〝処刑〟だ。

だけど、「その十年後に革命が起きない」っていうわけではない。だから、〝処刑〟され、全滅《ぜんめつ》するのにも、それなりの意味はあるかもしれないね。

公開の場で徹底《てってい》的に論争し、対立候補を打ち倒《たお》せ

里村　明治維新も、多くの人が倒《たお》れていったなかで、成し遂《と》げられていきましたので、次の選挙が、橋本先生のおっしゃるとおりの結果になったとしても、

決して無駄ではないと思います。

橋本左内　だけど、そのなかには、君たち自身の問題も多いよ。やっぱり、君たち自身の問題もあると思う。

君たちだって、投票者の立場に立ったら、「自分たちに投票するよりは、すでに名前が通っている政治家のほうに投票したほうが安心だ」という気持ちがあるんじゃないか。そういう気持ちが残っている以上は、勝てないね。

里村　「安心だ」というのは、なぜでしょうか。

橋本左内　何年も政治家をやってるからさ。だから、「よく知ってるんだろう」

と思って、任しているんだろう？

里村　やはり、現実的な政権担当能力の部分が問題なのでしょうか。

橋本左内　日本は、基本的に間接民主制なんだからね。つまり、直接にはできないから、間接的にやっているわけだけど、これは、「『すでに政治をやっている人たちにやらせたほうが安全運転をするだろう』と思っている」ということだろう？

ただ、君らは、ちょっと考え方が小さいんだよ。国会議員は、衆議院で五百人か、参議院を入れて七百人か、まあ、そのくらいの人数がいるけど、国民のほとんどは、七百人のうちの六百人以上は知らないんだからさ。

国民に知られてない人たちが、国会議員になれているんだけど、要するに、「何年も何十年もずーっとやり続けているために、そこの選挙民には知られている」というだけで、やっているんだよな。

それを破れないのは、残念だけど、力不足だわな。

里村　先生は、今、「考え方が小さい」とおっしゃいましたが、では、大きく考えるには、どのようにすればよろしいのでしょうか。

橋本左内　やっぱり、ちゃんと論破しなきゃ駄目だよ。つまり、対立候補に当たる人たちに、論争を挑《いど》まなきゃ駄目だ。論争を挑んで論破し、どんどん破っていかなきゃ駄目だよ。討論を挑んでいくべきだと思うね。そして、論破しなきゃ駄目だよ。

だけど、君らには、はっきり言って、まだ論争を挑むだけの勇気がない。

本心では、「もうすでに政治家を張っている人、国家公務員になっている政治家のほうが偉《えら》い」と思っている部分が、かなり、あるわな。

そのへんが、まだ本物ではないと思う。

里村　心のなかに、まだ、負けている部分があるわけですね。

橋本左内　負けてるよ。はっきり負けてるんだよ。

宗教の面から見りゃあ、「君らの信仰心《しんこうしん》は、その程度だ」っていうことだ。

非常に浅いんだよ。

世間《せけん》もそれを知ってるさ。マスコミ等は、「教祖一人を撃《う》ち落とせば、この宗教は終わる」と見て、教祖の足を引っ張れないか、いろんなことで揺《ゆ》さぶって、信者の信仰心を振《ふ》り落とそうとしてるんじゃないの？　残念だけど、そうだな。

もうちょっと、剛《ごう》の者が出てこなければ駄目だな。残念だけど、卑怯者《ひきょうもの》が多いんじゃないか。

世間では、「宗教に行く人には弱い人が多い」とか、「救われたくて、宗教に行ってる人が多い」とか言われているけども、半分は当たっているところがあると思うよ。

もうちょっと強くならないと駄目だな。

だから、対立候補になるような人たちに、論争を挑んで、勝てなきゃ駄目なんだよ。それで勝てるぐらいなら、選挙に通るんだ。

論争を挑んでも、向こうの知名度とか、顔が知られているとか、名前が知られているとか、過去の実績があるとか、大臣をしたとか、官僚《かんりょう》を長くやったとか、地盤《じばん》があるとか、カンバンがあるとか、いろんなことで気後《きおく》れし、負けていくようだったら、その時点で、すでに負けているんだよ。

まあ、世間は、総理大臣の息子《むすこ》だとか、孫だとか、つまらんもので、けっこう選ぶのでね。

里村　そうです。

橋本左内　それに負けないためには、やっぱり、公開の場で、徹底《てってい》的に論争して打ち倒さなきゃ駄目なんだよ。打ち倒せなかったら、君らの負けなんだ。総理大臣の子供や孫だからといって、仕事ができるわけじゃないんだからさ。それにカリスマ性が出て負けるようだったら、駄目なんだ、基本的には、一代で出てくる者のほうが、力がなければいけないんだよ。

釈　何をなすべきか、はっきりと分かりました。

橋本左内　論敵に当たるものを論破せよ！　基本的には、「論破しなさい」ということだ。

釈　ありがとうございます。

橋本左内　うんうん。

10　後光《ごこう》が射すような学生となれ！

今の日本には「自立した個人」が必要

里村　冒頭《ぼうとう》から話が出ています「贖罪史観《しょくざいしかん》」や「宗教に対する壁《かべ》」については、教育による影響《えいきょう》が非常に大きいかと思います。そこで、教育面のほうから、少し質問させていただきたいと思います。

山田　本日は、ご指導いただき、まことにありがとうございます。

今年の五月三日、大川隆法総裁より、「真理と勉強の関係」という法話《ほうわ》を賜《たまわ》りましたが、その冒頭で、橋本左内先生の『啓発録《けいはつろく》』に触《ふ》れられ、「稚心《ちしん》を去る」というお言葉を頂きました。

私《わたくし》は、仏法真理塾《ぶっぽうしんりじゅく》「サクセス№1《ナンバーワン》」を担当させていただいておりますが、合宿の前には、いつも、全国の塾生に「稚心を去る」ということをお話しさせていただいております。

「国を興《おこ》し、発展させる根本《こんぽん》は、人材を育てる教育にある」と考えますが、橋本先生が、教育論において、「稚心を去れ」と説かれた本心、本意について、まず、お教えいただければ幸いでございます。

橋本左内　「国全体が左に傾《かたむ》き、社会福祉《ふくし》を善とする方向に、全部、傾いていっている」ということはね、もう、「保護を受ける身分になりたい人の数が、今、増えている」ということなんだよ。それは、「年を取って保護を受ける」ということでもあるし、「子供帰りする」ということでもあるわけだな。

だから、もうちょっと自立した個人が必要なんだよ。自立した個人がな。やっぱり、自分の頭で考えて、自分の口で戦い、自分の〝剣《けん》〟で戦っていく人をつくらなきゃ駄目《だめ》なんだよ。

私たちの時代はね、生まれはそれぞれ下級武士であったり、蘭方医《らんぽうい》の息子《むすこ》であったりしても、大名《だいみょう》とか、お公家《くげ》さんとか、いろんな人たちと対等に議論していたし、将軍とも膝詰《ひざづ》めで談判《だんぱん》しなきゃいけないような時代になったわけだ。自分を磨《みが》き、自分を磨いた克己心《こっきしん》でもって、その胆力《たんりょく》でもって、相手と相対《あいたい》し、相手に意見を言って、相手を論破しなきゃいかん。当時は、そういう時代であったわけよ。身分制に引っ張られずにな。

今、世界は、まあ、世界というか、この日本が、そういう柔《やわ》な方向に動いているんだろうと思うけどね。だけど、これは警告だな。

いじめ問題の半分には、「稚心《ちしん》」がある

橋本左内　（左傾化《さけいか》と）同時に、いじめ問題等も多発しており、あなたがたは、教育論としても、いろいろと言っていると思う。ただ、それが問題であることも、半分はそのとおりであるけども、半分は、やっぱり「稚心《ちしん》」だよ。「大人が守らなければ、子供たちが守られ切れない」というような稚心があるな。

昔は、数え十五で元服《げんぷく》したんだからね。「13歳《さい》からの道徳」かどうか知らんけども、そのくらいになったら、自分の頭と口と体で戦わなければいけないよ。

善悪の判断をして、言うべきことは言う。言うべきでないことは言わなくて

もいいけども、簡単に、人に左右されたり、支配されたりするような人生を送ってはならんわな。

それだけの強固な人生観をつくり上げなきゃいけないし、そうした強固な人生観は、やっぱり、「自立する心」から生まれてくるんだよ。それは、「自制心」であり、「自分を鍛《きた》えようとする心」でもある。

自分を鍛えられないような人間は、基本的に、人任せになっていくんだよ。苦しいときに戦える人間。朝みんなが眠《ねむ》いときに起きて、勉強できる人間。まあ、単純なことだけども、普通《ふつう》の人間が安易なほうに流れていくときに、あえて逆境のなかで戦うことを選ぶような人間。そういう人間をつくっていくことが大事だと思うな。

善悪をきちんと教え、「言うべきことを言える子供」に育てよ

橋本左内　いじめ問題も蔓延《まんえん》しておるから、大人が手を出さなきゃいけなかったり、警察がやらなきゃいけなかったりすることもあるかもしらんけれども、甘《あま》やかしすぎて、授業料をタダにするわ、教員をまったく指導しないわ、警察にお任せするわというようなことでは、これは、もう、教育が崩壊《ほうかい》してるのとほとんど一緒《いっしょ》だわな。

せっかく口が付いてるんだからさあ、論理的に相手に攻《せ》め込《こ》まなきゃ駄目だよ。相手に非があるなら、それを、ちゃんと正していかなきゃ駄目だと思うし、先生がたの指導方針にいいかげんなところがあるなら、それについても、ちゃんと意見を言っていくべきだと思うな。それだけの強さは必要だと思う。

また、ブランド的なものに価値を見出《みいだ》して、それに執着《しゅうちゃく》しすぎているところが悩《なや》みになっているのなら、そんなものは捨てなさいよ。くだらないことだよ。早稲田《わせだ》なら早稲田で、毎年、一万人以上も卒業している。卒業する大学のブランドは同じでも、同じような人間が卒業するわけじゃないだろう？　ピンからキリまでいるさ。才能もバラバラだよな。だから、そのブランドは、守るようなものではないと思うな。

「合う、合わない」は、高校だろうと、中学だろうと、小学校だろうと、あると思うけど、せっかく頭脳と口をもらってるんだから、言うべきことはきっちりと言って、けじめをつけ、親にあまり迷惑《めいわく》をかけないようにしなきゃ駄目だよ。言うべきことを言いなさいよ。

それから、先生がたは、民主的教育だか何だか知らんけど、「話し合いで決めましょう」というようなことばかりをやってるんだろう。要するに、責任を取りたくないんだろう？

しかし、正邪《せいじゃ》はあるんだから、やっぱり、見識の高いほうが勝つんだよ。正邪については、見識の高い者がピシッと言って、それを守らせなきゃいけない。日本的な平等社会が子供の社会にも及《およ》んでいて、「同じ学年で同じ年なら、みんな見識は同じ」と思っているかもしれないけど、違《ちが》いがあると思うよ。だから、見識的に高い者の意見は、ほかの人も尊重して聞くことが大事だと私は思うね。

もうちょっとねえ、大人に迷惑をかけずに、ちゃんと子供たち自身の口で、きちっと相手を論理で詰めていきなさいよ。「君、そういうことをして、いいと思うのか」と、なぜ、その一言《ひとこと》が言えない？　「それは正しいと思っているのか」と言えばいいんですよ。「君、そういうことが、いいと思っているのか」「そんなことが、本当にいいと思っているのか」と。

やっぱり、善悪についての厳しい価値観を、ちゃんと持たないといけないな。

山田　ありがとうございます。「地獄《じごく》への道は善意で舗装《ほそう》されている」と言われているとおり、まさしく、「日本は、優《やさ》しすぎる社会になっており、今、下《くだ》り坂に入ってきている」ということが、よく分かりました。

真剣《しんけん》に学問に励《はげ》むならば、子供であっても「後光《ごこう》」が射す

山田　私も、生徒一人ひとりに、自助努力の精神や克己心、自立心を植えつけていきたいと考えておりますが、そのためのポイントについて教えていただければ幸いです。

橋本左内　あんたがたの「与《あた》える愛」も大事だろうけども、優しすぎる社会には、気をつけないと、本当に堕落《だらく》する可能性があると思う。

私は、やっぱり、「潔《いさぎよ》さのない人間は駄目だ」と思うな。

今は、平和ボケがあまりにも長く続きすぎてなあ。学校の名前だとか、会社の名前だとか、官庁だとか、まあ、いろんなものがあろうと思うけども、そんなものに非常に弱いしなあ。ブランドにも弱いけども、もうちょっと、何と言うかなあ、霊的《れいてき》な覚醒《かくせい》っていうか、そういうものに対して、自信を持たないといかんのじゃないかなあ。

だから、私は、やっぱり、「克己心を持っていて、後光《ごこう》が射すような人間をつくらないと駄目なんじゃないか」と思うんだよ。

君も、塾をやっているのなら、その塾の人たちに言っておきたい。

もう、甘えるんじゃないよ！　分かってるか。

後ろから見ていて、大人が思わず、畏怖《いふ》の念を感じるぐらいの、後光の出るような学生にならなきゃ駄目だよ。それは「学徳」のなかから出てくるんだ。「自分の問題を解決し、学問を克服《こくふく》し、世の中の役に立とう」と真剣《しんけん》に思っている人間には、それだけの光が出てくるんだよ。

甘えすぎちゃいかんぜ。そう思うなあ。「後光の出るぐらいの学生になれ！」と言ってあげなければいかんわな。

里村　それは、先生ではなくて、生徒すなわち学ぶ側のことでしょうか。

橋本左内　生徒だよ。生徒のほうだ。

もう、十五になったら、後光が射しているぐらいじゃないと駄目だよ。そのくらいの、生きる厳しさがなきゃ駄目だ。人間、二十六で死ぬことだってあるんだから、「いつまでも生きられる」と思っちゃいけないんだよ。

やるべきときが、わりに早く来ることがあるんだから、そのための準備を怠《おこた》ってはいけないよ。

「いつまでもあると思うな、命!」というところだな。

山田　素晴《すば》らしいお言葉、本当にありがとうございます。全国の塾生に伝えてまいります。

橋本左内　塾生たちも、ちょっとなあ……。もし、弱いのをたくさんつくっとるようだったら、君は、もうちょっと締《し》め上げんといかんぜ。

山田　はい、かしこまりました。

橋本左内　塾型の教育の問題はねえ、まあ、昔も塾はあったけど、適塾《てきじゅく》だって、激しい競争だったよ。でも、脱落《だつらく》していくのを何とも思ってなかったよ。みんな、とにかく這《は》い上がっていこうとしていたし、結局、そういう人が日本を動かしていったんだ。

まあ、優しさもいいけどさ、そういう大きな政府型のものの考え方は、結局、社会福祉を呼んで全体の国力を落としていき、最後は、外国に占領《せんりょう》される考え方につながっていくんだよ。

だから、やはり、自分を鍛え上げて、強くしていくタイプの人間をつくらないといかんね。

11　日本の若者たちへのメッセージ

「人の見ていないところでサボる人間」は要《い》らない

里村　今、主に十代の若者向けにお話を頂いたわけですが、今日、ニュースを見ていると、「ここ数年、大学卒業者の就職率はかなり厳しい数字が続いている」という報道がありました。

そこで、二十代の人たちも含《ふく》めた、現代の若者に対して、二十六歳《さい》で大義《たいぎ》のために殉《じゅん》じていかれた橋本左内先生よりメッセージがございましたら、お願いしたいと思います。

橋本左内　だいたいねえ、時間を湯水のごとく使っとるわな。本当に、時間を湯水のごとく使い、また、親の金も湯水のごとく使っておる。

まあ、情けない限りだ。実際にな。

もっと大事にしなさいよ。与《あた》えられた時間や与えられた金銭、あるいは自由を、もっともっと大事にしなさい。

人の見ていないところで、すぐにサボるような人間は、基本的に要《い》らないんだよ。それを、ちゃんと言っといてくれよ。人の見ていないところでサボって、楽をしようと思うような人間は、この国の役に立ちやしないし、世界の役にも立ちはしないんだよ。

人が見ていようが見ていまいが、やるべきことをやっていく人間こそ、必要な人間なんだよ。それを、ちゃんと教えなきゃ駄目《だめ》だと思うよ。

まあ、情けない大人をたくさん見ているから、影響《えいきょう》は受けるのかもしれないけども、「言うべきことが言えない」っていうのは、自分に対して厳しくないからなんだよ、基本的にはな。自分に対して厳しく生きてきた人は、それだけのことを言えるはずだな。

間違《まちが》いに対しては、「間違いである」と言うべきだ

橋本左内　先ほどの話に戻《もど》るけども、「尖閣《せんかく》諸島は日本固有の領土だ」というのなら、彼ら（中国人）が、大使の旗を盗《と》ったり、日本の商店を襲《おそ》ったり、「不買運動を起こす」などと言ったりしていることは、全部、間違《まちが》いでしょうが。

その間違いに対して、「間違いだ」と言って、なんで怒《おこ》らないんだ！「怒れない」っていうことは、よっぽど自分に対して自信がない証拠《しょうこ》だな。事なかれで、「それが平和主義だ」と思っているなら、大間違いだ。

もうちょっと、侍《さむらい》の精神を持たないといけないよ。悪に対して、はっきり、「間違いだ」と言わなきゃいけない。

「じゃあ、あんたがたは、日本が、『中国の満州地方は、かつて日本の領土だったから、いまだに日本固有の領土である』と言ったら、それを認めるのか。『韓国《かんこく》は、かつて日本が併合《へいごう》しておったから、いまだに日本の領土だ。まだ独立を認めたわけではない』と言ったら、それを認めるのか。

南樺太《からふと》は日本の領土だったけど、『まだ日本の領土だ』って言ったら、それを認めるのか。

日本が一方的に言ったら、あんたがたも、それを認めるのか。認めないんだったら、『自分らが一方的に言えば、それで自分たちのものになる』と思うな。当たり前ではないか」と。

まあ、そのくらいのことを言えないようで、どうする？　情けないわ。実に情けない。

外交官は、全員、日本刀を差せ！　日本刀を差して歩くようにしないといけないよ。そのくらいの怖《こわ》さがないと駄目だな。

先見性や構想力を持つ人間が出なければ、日本に「未来」はない

里村　橋本先生は、生前、「学問は、知識や技術の習得だけが目的ではなく、人間として正しい行動が取れるようにするためのものである」ということをお

っしゃっていたと思いますが、今、お言葉を伺《うかが》っておりまして、本当に、そのとおりであると感じております。

橋本左内　ちょっと情けないなあ。特に、年を取るほど、用心深くなって、リスクを避《さ》けたくなるんだろうと思うけれども、やっぱり、若い人たちは、もっと頑張《がんば》らなきゃいかんなあ。もっと意見をはっきり言わないといかんと思うねえ。

このままでは、いかん。とにかく、いけない。

里村　「日本の若者は、このままではいけない」ということは、「日本も、やはり、このままではいけない」ということだと思います。

先ほど、質問が出ましたけれども、今の日本は、本当に厳しい状態です。言ってみれば、幕末のような状態かもしれませんが、「今後、日本には、どのような未来があるのか」というところを、できれば、橋本先生ご自身の希望と合わせて、お伺いできればと思います。

橋本左内　うーん……。まあ、今のままだったら、ないね。

里村　今のままでは、未来はない……。

橋本左内　今のままだったら、主導権を外国に握《にぎ》られる。基本的に、後手後手《ごてごて》になり、「外国のイニシアチブのなかで、どうあがくか」ということだけの問題になると思う。

やはり、先見性や構想力を持つ人間が出てこなきゃいけないな。その構想力のなかで、やるべきことを、着々、準備しなければいけないと思うね。

だから、今のままなら、外国にイニシアチブを取られるよ。日本は、「次に上陸してきたら、どうするか」ということぐらいしか考えていないだろう？

しかし、あちらは、もっと大きな構想を持ってるんだよ。中国にしたって、韓国にしたって、おそらく、「日本を打ち負かしてやろう」と考えとるんだろうからさ。

あんな、技術において偽物《にせもの》天国がまかり通るような国が、世界のトップ国になっちゃいけないんだよ。「それは人間として恥《は》ずかしいことなんだ」って、はっきり分からせてやらなきゃ駄目だと思うよ。

また、日本の領土に不法上陸して送り返されたような人が、向こうで英雄扱《えいゆうあつか》いされて、テレビのインタビューに出たりしたら、叱《しか》れ！　なんで叱らないんだ！

そういうことをするんだったら、留《と》め置いて、日本でちゃんと取り調べをしなさいよ。当たり前だよ。当然だろう。いつも送り返して、問題がないことにする。実に情けない。侍の国家として、実に情けないと私は思う。

はっきりとした意見が出せないようだったら、（政治家や官僚《かんりょう》に対して）「役職から外れていただきたい」と言わなきゃいけないね。そういう考えを持っている人にやらせなきゃいけない。

これまでは、アメリカが中心であったかもしれないけども、もう、アメリカが主体的に意見を言ってくれる時代ではなくなりつつあるから、やっぱり、日本のなかから意見を言わなきゃいけないと思うな。

今のところ、見通せる未来は極《きわ》めて厳しい。「外国にイニシアチブを取られて、防戦一方になり、それを、どう持ちこたえるか」っていうようなところに、未来はあるように見える。非常に厳しい。

語学を学ぶことで「別の視点」ができ、「別の才能」が生まれる

里村　橋本先生は、ご生前、同じような国防上の危機感から、英語、オランダ語、ドイツ語を習得されたのではないかと思われますが、今の時代に、語学を習得することの必要性、あるいは、「どうすれば語学を習得できるのか」ということについて、橋本先生のご体験を含め、お聴《き》かせ願えればと思います。

橋本左内　一つは、やはり、「日本人的考え方がすべてでない」ということを学ぶために必要なものだ。それを知ることだな。

異国の言葉を学ぶことによって、「日本語で学んだ日本的伝統や考え方だけが、世界の考え方のすべてではない」ということが分かり、もう一つの視点が持てる。これは大事なことだわな。

「別の視点ができる」ということを、一つ、言っておかねばならん。

もう一つは、「外国語でもって、日本語で専門に学んだものではない実学を、何か一つぐらいは究《きわ》めていただきたい」と思うな。外国語で、実用の学を何かやっていただきたい。そうすることによって、もう一つ、別の才能が生まれてくる可能性があるわけよ。

今のあなたがたから見れば、笑い話かもしれないけど、私らのころは、オランダ医学で解剖学《かいぼう》を勉強したり、西洋砲術《ほうじゅつ》を勉強したり、築城《ちくじょう》の方法を勉強したりしていたわけだ。それは、現実には、ちょっと、ずれていたかもしれないけども、実学をやるなかに、新しいヒントが湧《わ》いてくることはあるのでね。

「軍事」と「航空・宇宙」において最先端《さいせんたん》技術を開発せよ

橋本左内　私だったら、とにかく、今、軍事と宇宙のところを徹底《てってい》的に攻《せ》め込《こ》むな。「そうしなければ、日本は完全に奴隷《どれい》国家になる」っていうのが目に見えてるわ。はっきり見えているので、これを引っ繰《く》り返さなきゃ駄目ですね。少なくとも、中国や北朝鮮《きたちょうせん》なんかに負けているようでは、もう話にならない。

この軍事と航空・宇宙のところは、どうしても、日本のほうが最先端《さいせんたん》技術を持っていなければ駄目です。

秋葉原《あきはばら》でねえ、炊飯釜《すいはんがま》かなんか知らんが、（中国人に）買ってもらってるだけで、喜んでちゃ駄目だ。そのことを知らなければいかんよ。

中国が宇宙ステーションをつくって、宇宙からの攻撃《こうげき》を考えているような時代にねえ、炊飯ジャーが売れる程度で喜んでいるような、そんな腰抜《こしぬ》けの日本人じゃ、基本的に駄目だよ。

やっぱり、中国の上を行かないと防衛はできない。時間はそんなにないよ。

今の若い人たちには、文系の人も理系の人もいるだろうし、文系には文系なりに、ちゃんと言論が立って、意見を通せる人が必要だけども、理系には理系なりに、人材が必要だ。軍事力や宇宙技術力を開発する、理系の秀才《しゅうさい》・天才が出てこなければいかんと思う。

つまり、実用の学だな。文系も理系も両方必要だ。

あと、語学は、基本的には、夜《よ》も寝《ね》ずにやらないとしかたがないね。やらなきゃ、できるようになりゃしないよ。あきらめたら、そこで終わりだ。できるようになるまで、やることだな。

ただ、語学は、頭に対する刺激《しげき》にはなるだろうから、異質な発想は、数多く見られるようになると思う。「英米人がどう考えるのか」ということから始まって、ほかの各国人がいろいろな考え方をするのも、たぶん勉強になるだろうからね。

もし文明落差があるなら、（その国の）進んでいるところを学ぶこともできる。今、文明落差は小さくなっているとは思うけども、「産業落差」は一部まだ残ってはいるので、まあ、そこは学ぶべきだな。

里村　はい、ありがとうございました。

橋本左内　うーん。

12　「花」が散ることを恐《おそ》れるな！

橋本左内のような人間を百人用意して、三人名前が遺《のこ》ればよいほうだ

里村　最後に、橋本先生ご自身のことについて、お聴《き》かせ願いたいと思います。幕末、二十六歳《さい》で亡《な》くなられたわけですが、これは、ある程度、人生計画として予定されたものであったのでしょうか。

橋本左内　まあ、日本の国は、桜の花だよ。そして、花が咲《さ》いたら散るんだよ。

だから、ちょっとは咲いたから、散ったんだろうよ。なあ？　まあ、「散らずして、咲くことはない」と思わなきゃいかんわな。

だから、「長生きしよう」と思って、「花を咲かせるのを遅《おそ》くしよう」とだけ考えていたら、駄目《だめ》だぜ。できるだけ刻苦勉励《こっくべんれい》して、早く花を咲かせなさいよ。

政党の人も同じだよ。

早く花を咲かせなさい。咲いたら、散るだろう。だけど、散ることを恐《おそ》れて、咲くのを遅くするような考え方を持っておってはいかんと思いますな。

まあ、私のような人間はたくさんいるだろうと思いますけどね。日本の歴史のなかには、埋《う》もれていった人がたくさんいると思う。私のような人間を百人用意して、三人名前が遺《のこ》りゃいいほうなんだよ。そんなものなんだ。

宗教改革のころ、ヨーロッパに生まれたことがある

里村　そうしますと、橋本先生は、過去世《かこぜ》においても、日本にお生まれになり、「あるいは、名前を遺し、あるいは、名前が埋もれて」というかたちで、ご活《かつ》躍《やく》されてきたのでしょうか。

橋本左内　そんなことは、どうでもいいさ。大したことじゃない。

里村　「こういう方は、こういう転生《てんしょう》をされる」というのは、後世の人にとって非常に参考になりますので、よろしければ、お聴かせ願えればと思います。

橋本左内　まあ、大した仕事はしていないので、「語るに足らず」になるかもしれないな。

里村　いえいえ。とんでもないです。

橋本左内　うーん……。ヨーロッパのほうに出ているね。

里村　ヨーロッパですか。

橋本左内　うん。

里村　宗教改革のころでございますか。

橋本左内　そうだな。宗教改革のほうで出たな。

里村　ウィクリフ（イギリスの聖職者・宗教改革の先駆者《せんくしゃ》）は……。

橋本左内　ん？

里村　ウィクリフは、もう出ていましたか。ああ、出ていますね（注。ジョン・ウィクリフは、佐久間象山《さくましょうざん》として転生している。『佐久間象山　弱腰《よわごし》日本に檄《げき》を飛ばす』〔幸福実現党刊〕参照）。

橋本左内　まあ、激しい弾圧《だんあつ》と戦ったことが、けっこう、あるけどな。

里村　ツウィングリ（スイスの宗教改革者）でしょうか。

橋本左内　いや、そんなに偉《えら》い人じゃないかもしれないけどね。まあ、過去、滅《ほろ》ぼされた宗教もあるだろうからさ。いろいろと宗教改革をしようとして、成功しなかったこともあっただろうな。

里村　ああ、なるほど。

「仕事を遺《のこ》さなければ、何の意味もない」と思え

里村　ところで、今、天上界《てんじょうかい》では、どういう方々とお付き合いをされていますでしょうか。やはり、幕末維新《いしん》の方たちと……。

橋本左内　うーん……。

里村　吉田松陰《よしだしょういん》先生ですとか。

橋本左内　うーん……。まあ、二十六で死んだ人間には、何の実績もないんだよ。それは訊《き》いたって無駄だよ。君ぃ、二十六で死んだ人間なんか、名前は遺《のこ》

らないよ。ええ?

里村　幕末のころは、橋本先生を筆頭に、松陰先生、久坂玄瑞《くさかげんずい》先生、坂本龍馬《さかもとりょうま》と、若くして亡くなったものの、いろいろな方が名前を遺していらっしゃいます。

橋本左内　いやあ、君らの仲間にいるかのようなことを言ったって、意味がないからさ。君らの仲間内で、いくら、ほめ上げたところで、一票にもなりゃあしない。よけいに、「おかしな宗教だ」と思われるだけでな。実際、からかわれて終わっているんだよ。

自分たちに勇気がないから、そんな〝肩書《かたが》き〟を付けて、自分らを励《はげ》ましているつもりかもしれないけど、まったく役に立ってないからさ。まあ、「仕事を遺さなきゃ、何の意味もない」と思わなきゃ駄目だと思うな。
橋本左内は橋本左内だよ。二十六で死んで終わりだ。過去、何であれ、今後、何であっても関係ないや。

里村　はい、分かりました。しっかりと中身をつくってまいりたいと思います。

橋本左内　稚心《ちしん》を去ることだな。

里村　はい、承知いたしました。本日は、尊いお言葉を賜《たまわ》り、本当にありがとうございました。

大川隆法　（橋本左内に）はい、ありがとうございました。

厳しい言葉の数々だった「橋本左内の霊言《れいげん》」

大川隆法　という感じでした。やや厳しめで、幸福実現党にも厳しいようですね。橋本左内によれば、「政党は稚心の塊《かたまり》」とのことのようです。

里村　ありがたい指摘《してき》でございます。

大川隆法　日本については、「外国に、いいようにされる未来が見える。外国にイニシアチブを取られて、防戦一方の未来が見える」とのことでしたね。

また、政党に関しては、「論敵に当たる人を論破せよ。それが勝つ道である」と言われました。簡単なアドバイスでしたが、そういうことのようです。

さらに、学生に対しては、「後光《ごこう》が射すような学生にならなければ駄目だ。人の見ていないところでサボりたがるような平凡人《へいぼんじん》には、世の中を変える力などありはしない」ということでした。

まあ、厳しい言葉の数々であったように思います。

里村　心して、しっかりと精進《しょうじん》してまいります。

大川隆法　はい、ありがとうございました。

里村　ありがとうございました。

あとがき

ああ、道は限りなく厳しいようだ。「死《し》して後《のち》、已《や》む」の覚悟が必要だ。本書が心ある人々を一人一人啓発していくことを望む。本物の人物が、この日本を動かす日が来ることを心底願ってやまない。

二〇一二年　九月四日

幸福《こうふく》の科学《かがく》グループ創始者兼総裁《そうししゃけんそうさい》　大川隆法《おおかわりゅうほう》

『橋本左内、平成日本を啓発す』大川隆法著作関連書籍

『今上天皇・元首の本心　守護霊メッセージ』（幸福の科学出版刊）

『財務省のスピリチュアル診断』（幸福実現党刊）

『佐久間象山　弱腰日本に檄を飛ばす』（同右）

橋本左内《はしもとさない》、平成日本《へいせいにほん》を啓発《けいはつ》す ―稚心を去れ！―

2012年9月17日　初版第1刷

著　者　　大《おお》川《かわ》隆《りゅう》法《ほう》

発　行　　幸福実現党
〒107-0052 東京都港区赤坂2丁目10番8号
TEL(03)6441-0754

発　売　　幸福の科学出版株式会社
〒107-0052 東京都港区赤坂2丁目10番14号
TEL(03)5573-7700
http://www.irhpress.co.jp/

印刷・製本　株式会社 東京研文社

落丁・乱丁本はおとりかえいたします

ISBN978-4-86395-241-6 C0030

大川隆法 ベストセラーズ・日本の政治を立て直す

公開霊言
天才軍略家・源義経なら
現代日本の政治をどう見るか

先の見えない政局、続出する国防危機……。現代日本の危機を、天才軍事戦略家はどう見るのか? また、源義経の転生も明らかに。
【幸福実現党刊】

1,400円

佐久間象山
弱腰日本に檄を飛ばす

国防、財政再建の方法、日本が大発展する思想とは。明治維新の指導者・佐久間象山が、窮地の日本を大逆転させる秘策を語る!
【幸福実現党刊】

1,400円

カミソリ後藤田、
日本の危機管理を叱る
後藤田正晴の霊言

韓国に挑発され、中国に脅され、世界からは見下される——。民主党政権の弱腰外交を、危機管理のエキスパートが一喝する。
【幸福実現党刊】

1,400円

大川隆法 ベストセラーズ・日本の未来と繁栄のために

今上天皇・元首の本心 守護霊メッセージ

竹島、尖閣の領土問題から、先の大戦と歴史認識問題、そして、民主党政権等について、天皇陛下の守護霊が自らの考えを語られる。

1,600円

皇室の未来を祈って

皇太子妃・雅子さまの守護霊インタビュー

ご結婚の経緯、日本神道との関係、現在のご心境など、雅子妃の本心が語られる。日本の皇室の「末永い繁栄」を祈って編まれた一書。

1,400円

神武天皇は実在した

初代天皇が語る日本建国の真実

神武天皇の実像と、日本文明のルーツが明らかになる。現代日本人に、自国の誇りを取り戻させるための「激励のメッセージ」!

1,400円

李克強 次期中国首相 本心インタビュー

世界征服戦略の真実

「尖閣問題の真相」から、日本に向けられた「核ミサイルの実態」、アメリカを孤立させる「世界戦略」まで。日本に対抗策はあるのか!?
【幸福実現党刊】

1,400円

ヒラリー・クリントンの 政治外交リーディング

同盟国から見た日本外交の問題点

竹島、尖閣と続発する日本の領土問題……。国防意識なき同盟国をアメリカはどう見ているのか？　クリントン国務長官の本心に迫る！
【幸福実現党刊】

1,400円

中国「秘密軍事基地」の 遠隔透視

中国人民解放軍の最高機密に迫る

人類最高の霊能力が未知の世界の実態を透視する第二弾！ アメリカ政府も把握できていない中国軍のトップ・シークレットに迫る。

1,500円

※表示価格は本体価格(税別)です。